정승은 두 번째 시집

수선화 일기

정승은 지음

문학
바탕

시인의 말

2년 만에 내는 두 번째 시집 '수선화 일기'이다. 첫 번째는 2020년 8월 '벚꽃 팡팡 팝콘을 터뜨리고'이다. 첫 번째는 처음이라는 설렘이 있었고 두 번째는 또 다른 뿌듯함이 든다.

매주 거의 빠지지 않고 민용태 교수님의 시 강의를 듣고 있다. 매사에 성실하면 좋은 결과가 생기리라는 기대감으로 산다. 수요일엔 그림공부도 하는데 과정마다 해냈다는 성취감을 느낀다. 회갑이 넘어 취미생활을 한다는 것이 마음을 풍요롭게 한다.

시인이 되게 해 주시고 폭 넓은 시의 세계를 인도해 주신 민용태 교수님과 월간 문학바탕 곽혜란 대표님께 진심으로 감사드린다.

2022년 12월 햇볕 좋은 날
정 승 은

시인의 말   3

1부

5구역 미사 전례 봉사	10
7년차 근로 재계약	11
Cu. 12월 월례회	12
Pr. 월례보고서	13
가을 1	14
가을 2	15
가족 모임	16
가지와 적양파	17
거리두기 2.5단계	18
경숙이네 떡만둣국	19
계송회 모임	20
골프 다시 시작하다	21
골프 라운딩	22
골프 연습장 재등록	23
스윙은 나를 기억할까	24
골프 타수 줄이기	25
교보문고에서 만난 내 시집	26
구름처럼 뽀송뽀송	27
그림 강습 3주째	28
꽃그림 강습	29
꽃그림 작품2 목련	30
첫 작품	31
나의 생일	32
물감 위에 꽃이 필 때까지	33
삼월 삼일 토요일	34
남한산성	35
납골당	36
대림시기	37

2부

독감예방주사	40
동생 생일	41
동지팥죽	42
두 번째 하는 추석맞이 열펌	43
레시피	44
만남	45
만추(晩秋)	46
매실청	47
미국에서 온 친구 송혜경	48
미사 전례 중 성가	49
미용실	50
바지, 상의 쇼핑	51
반찬 그릇, 전자 초 교체	52
백신 접종일	53
봄나들이	54
부스터 샷	55
부추 전	56
불광사	57
비대면 미사	58
빙판길	59
쁘레시디움 주 회합	60
사무실 자리이동	61
꽃과 책은 나눌수록 좋다	62
산성역 포레스티아 아파트	63
새 폰 VELVET	64
새해 아침	65
생일 식사	66
석촌 호수 산보	67

3부

설 연휴	70
성모 승천 대축일	71
성사표, 새 달력 배부 봉사	72
성전 건립, 환경개선 봉헌금	73
송파 둘레길	74
송파역 3, 4번 출구 폐쇄	75
황대헌 선수 금메달	76
수영강습 저녁 반	77
수영장을 가다	78
수영 하루 강습	79
스케치와 물맛	80
스크린골프 대회	81
시인이 된 나	82
신인 문학상 시상식	83
아파트 둘러보기	84
암사동 큰 언니 댁 방문	85
큰언니의 팔순	86
영랑 언니	87
큰언니 생신	88
옥이랑 식사	89
요가	90
위례 영랑 언니 댁	91
은행 대출	92
이사준비	93
이젤	94
인사이동	95
자동차로 마트 가기	96
재택근무 보름	97

4부

제대 봉헌 미사	100
조용한 성탄절	101
찬바람	102
창원 결혼식장 가는 날	103
처서	104
초복 수박	105
추석을 앞두고	106
추석 연휴	107
추석 음식 만들기	108
치과치료	109
친구 아들 결혼식장	110
커뮤니티 다시 문 열다	111
커뮤니티 휴장	112
코로나19 검사	113
퀸즈 2회 스크린 골프대회	114
큰언니 외손주 결혼	115
큰언니댁 방문	116
탄천 뚝방길	117
탑건 매버릭	118
태풍	119
폭우	120
헬리오에 거주하는 고향 친구	121
헬리오 퀸즈 새해 첫 월례회	122
현관 깔개	123
형제 탁구	124
회사 상품권	125
흰색 운동화	126
동네 송년회	127

1부

5구역 미사 전례 봉사

오늘은 5구역 미사 전례 봉사 날.
신자들의 기도를 맡았다.
미사포도 새로 구입,
제대에 올라가니 정장을 한다.

며칠 전부터 왼쪽 눈 떨림이 있다.
실수가 없길 기도한다.
미사가 끝나면 1층 만남의 방에서 다과 나눔도 있다.

공지사항 시간에 주임신부님의 매끄럽게
말 잘 했다는 칭찬의 말씀.
다과 나눔 때
현 반장님이 나보고 반장 맡아 달라고 한다.

3년 전부터 있었던 일이라 얼떨결에
6반 반장이 되었다.
구역장님이 반장 카톡 방에 초대.
반장님이라 환영해 주셨다.

얼떨결에 반장도 되고 칭찬도 받고 떨리는
눈도 바로 뜨고.

7년차 근로 재계약

24일 목요일 11시에 6개월마다 하는
근로 재계약을 했다.
마지막 직장이라 생각하니
최선을 다하겠다는 각오가 생긴다.
기간 내 근무평가는 잘 나왔을까?
긴장된 1주일이었다.
점심 후 형제 카톡에 글을 올렸다.
기쁜 소식이라고 모두 좋아 하신다.
동생도 자격증 시험에 고득점으로 합격했다.
7월에 거리두기 완화되면 동생과 둘이서
하늘을 초대해 가족과 식사 한번 해야지.

Cu. 12월 월례회

12월 5일 대림 2주일 16:30분 본당 3층
대강당에서 레지오 월례회가 2년 만에 있었다.
내가 서기직을 맡고 있어
월례보고서를 작성하여 Cu.에 제출했다.
주임 신부님 훈화 말씀 듣고 성경을 다시
읽기로 다짐해 본다. 판공성사도 보고 6시
미사에 생명수호 '태아 축복식'도 있었다.
땅에 태어난 것이 새삼 기쁘다.
돌아오면서 다시 하늘을 우러러보았다.

Pr. 월례보고서

새로 바뀐 회계는 뭔가 2% 부족하다.
첫 보고라 그런가?
만나기 전에 회계와
카톡엔 소통의 한계점을 느꼈다.
오해도 발생.
월초의 지지난 주 이월금을 새로 안 것도 있다.
주회 때 단장의 조언을 받았다.
정확한 자료를 올리면 보고서가 쉽다.
앞으론 좀 더 깔끔한 회계자료로 마음도
씻고 웃자.

가을 1

폭염 폭우의 여름이 가고, 조석으로
선선한 바람이 부는 가을이 성큼

9/1일 오후 4시엔 실내체육관에서
헬리오시티 제2회 입주민 가을 운동회가 있다.
천고마비, 독서의 계절인 가을엔
성서 통독도 있으니 더욱 열심히 책을
읽고 싶다. 짓궂은 가을 폭풍 '힌남노'가
찾아온다니 어떻게 곱게 달래서 보내지?

가을 2

감이 주렁주렁 영글어가고,
들판엔 벼가 누렇게 무르익어가는 평화로운
풍경을 본다. 산과 공원엔 단풍잎이 알록달록
물들어가고 파란 하늘은 최고로 드높다.
가을은 자연이 최고로 아름다운 그림!

가족 모임

7월 8일 목요일 12시 반은 가족모임 날이다.
일정을 맞추고 날씨를 보고 장소를 정하고
사전 작업이 필요. 서울에 사시는 오빠 언니
동생 모두 참석 하셨다.
오랜만에 한자리에 모여 한솥밥 나누는
식솔들의 웃음 꽃밭!

가지와 적양파

가지와 적양파는 여름 채소다.
짙은 보라색 가지와 적색 양파는 반찬으로
식탁에 오른다.
양파는 납작한 것이 암양파이고 맛도 있다.
어제는 가지와 적양파를 스케치했다.
글도 써본다, 손가락에 보라색
물이 들어온다.

거리두기 2.5단계

조심스러워 성당미사도 평화방송으로 보았다.
퇴근 후 집으로 직행, 외출은 안한다.
상가에 가는 것도 자제하고 있다.
집에서 휴식, TV 보기, 독서, 시집에 서명하기 등.
음식점, 카페가 밤 9시부터 새벽 5시까지
테이크아웃을 한다 하더라도 나가지 않는다.
자영업이 직격탄이다.
사람을 만나는 직업은
다 힘들 것 같다.
언제 코로나19 백신이 나와 잡힐는지
백신, 귀신…
아무라도 나와 코로나를 잡아가야지!

경숙이네 떡만둣국

2월 24일 점심에
경숙네 떡만둣국 먹으러 오라고 초대받았다.
친구는 평소에도 조촐하게 상을 차려 지인들을 부른다.
음식도 잘하고 특히 나눠 먹는 걸 좋아한다.
호박죽도 잘한다. 어느 날 한번 밥 사주고,
갖고 싶어 하는 참기름, 통깨 1병씩,
쓰던 보정속옷을 주었는데
그것 때문인지 반찬도 해다 주고
식사 초대도 몇 번째다.
친정 예천에 계시는 올케언니가 만드신
만두와 떡국 떡이란다.
음식 나눠 먹는 게 힘든 일인데 너무 맛있다.
이게 이웃의 정인가? 이게 이웃의 맛인가?

계송회 모임

11월 16일 저녁 7시 종로 하누소 인사점에서
모임이 있었다. 2년 8개월 만이다.
계송회는 방송대 18기 57년 닭띠 모임이다.
내 시집을 나눠주니 모두 부럽다며 축하해 주었다.
전복 갈비찜을 먹었다.
오랜만에 만나니 이야기가 쏟아졌다.
총무의 회계용지도 나눠 보았다.
CU편의점을 한다는 신정 친구가
이런저런 이야기가 많다.
연말에 다시 만나기로 했다.
늦가을 한산한 거리 대림에
사는 병섭 친구랑 종로3가역으로 향했다.
종로3가역엔 없는 것이 없다. 너무 재미있다.

골프 다시 시작하다

2020년 3월 17일 이천 사자체력단련장 라운딩을 마지막으로 이런저런 이유로 골프를 쉬었다.
지난주 토요일인 10월 24일부터 다시 시작했다.
병원 치료와 헬스로 어깨 근육이 조금 좋아졌는지 스윙해도 아프지 않다. 다시는 골프 클럽을 잡지 못할까 걱정했는데 1주일간 괜찮다.
그래도 한번 다친 어깨라 조심조심
스크린 정도로 만족한다.
이 정도도 너무 감사하고 행복하다.
아직 어깨 근육은 안 되고
그림자놀이로 만족.

골프 라운딩

처음으로 3월 2회, 4월 2회
직장에서 휴가 얻어 라운딩을 즐기다.
재직 6년에 연차가 17일.
춘천, 충주로 번갈아 잔디를 밟고,
맑은 파란 하늘 보며 개나리 진달래 목련
벚꽃 들을 본다. 공치고 돌아오면
힐링을 느낀다.
퀸즈 모임 월례회와 지인 모임 모두
이웃 주민들이라 친근감을 느낀다.
4월 첫 주일 부활의 기쁨과
넷째 주 월·목 부활의 즐거움.
오십견 이긴 젊음이 즐겁게 잔디를 밟는다.

골프 연습장 재등록

코로나19 유전자 검출검사(PCR) 후 거의
3달을 쉬었다. 11월 3일 골프연습장 등록을 하고
연습을 하니 공이 잘 안 맞고 실수가 많다.
짧은 아이언부터 드라이브까지 휘둘러 보았다.
이틀째는 조금 더 낫다.
퀸즈 모임의 내년 연부킹도 잘 되었다고 한다.
봄을 기다리며 열심히 연습만 하면 될까?
코로나19로 골프장 갑질이 심하다고 한다.
하늘을 공짜 골프장으로 쓸 수는 없을까?

스윙은 나를 기억할까

커뮤니티 이용을 중단한 지 2달이 되었다.
코로나19 확진자가 나왔기 때문이다.
11월 9일 위드 코로나까지 기다려야 하나?
다음 주부터는 1주일에 2~3번이라도 골프
연습장만 이용하면 될까?
옥이는 망설이다
지난주 9월 28일부터 연습장 나간다.
골프 스윙은 나를 기억할까?

골프 타수 줄이기

연습장에서 공 칠 때 보통 아이언은
4개만 잡았다. 그런데, 얼마 전 우연히
잘 치는 작은 올케언니의 연습스윙을 보았다.
전체 클럽을 S~D까지 골고루 스윙한다.
나도 벤치마킹하니 거리도 좋고
9홀에 최고기록 5개 오버 41개까지 기록!
역시 배워야 산다.
옛말 그른 게 없다.

교보문고에서 만난 내 시집

작년 8월에 출간된 내 시집
벚꽃 팡팡 팝콘을 터뜨리고를
잠실 교보문고에서 만났다.
매일 퇴근 후면 교보문고에 들러
시집 진열 칸을 스캔한다.
기쁘고 흐뭇하다.
오늘도 교보문고에 들러,
담당자와 연결해 준 직원을 만나 감사 인사한다.
반응이 좋으면 계속 팝콘 터질 텐데.

구름처럼 뽀송뽀송

지지난 금요일 출근길에 도로에서 미끄러져
무릎에 상처가 났다.
상처 주위엔 방수 테이프를 붙여도
물이 닿으면 덧날 것 같아 물을 피했다.
오랜만에 목욕탕에 가서
(탕엔 안 들어가도)
깨끗이 씻으니 너무 좋다.
피부가 구름처럼 뽀송뽀송
유쾌 상쾌 통쾌

그림 강습 3주째

오후 1시 눈이 펑펑 쏟아지는데
그림 수업에 출석을 해야 하나?
갈등이 생겼다.
좀 전에 커뮤니티 골프예약 시스템도
과부하로 장애가 생겨
조금 늦게 그림 수업에 출석했다.
수업 준비하니 선생님이 내 자리에
오셔서 상세하게 가르쳐 주셨다.
이파리 하나하나를 그릴 때도 이파리와
연필이 하나 되는 것 같은 친근감을 느꼈다.

꽃그림 강습

1월 5일부터 3달간
가락1동 주민자치센터에서
그림 첫 수업.
직선, 곡선 가늘고 굵게
연필로 연습. 선생님, 주위 급우들이
친절해 어려운 수업을 무난히 수강.
두 달 먼저 시작한 분의 스케치가
섬세하고 연필 맛을 느낀다.
공지사항을 알리는 단톡방에 반장이 나를 초대.
선생님 전번을 알아내어 준비물을 받아
후문 문구점에서 구입.
환영해 주시며 잘 할 수 있다는 선생님 말씀.
기초부터 꼼꼼히.
꽃그림을 그린다.
금방 봄이 다가올 것 같은 예감!

꽃그림 작품2 목련

2월 23일 꽃그림 작품2 목련이 완성되었다.
사인하고 보존을 위해 정착제를 뿌렸다.
다음 그림은 카라꽃인데
곡선으로 뒤집힌 잎이 그리기가 까다롭다.
몇 부분으로 쪼개어 세밀하게 그려야 한다.
점점 갈수록 어렵다.
많은 끈기와 노력이 필요하다.
목련이 꽃 피기, 그리기…
땅속의 수고가 훨씬 더 크다.

첫 작품

그림 수강 1달 만에 완성된 작품 1점
날짜를 쓰고 서명을 하였다.
기분이 하늘을 날 것 같다.
설 연휴 동안
두 번째 그림의 스케치를 1시간 그려본다.
선 정리가 조금씩 날아간다.
어깻죽지에 날개가 돋을 것 같다.

나의 생일

4월 5일은 나의 66회 생일날이다.
직장엔 처음으로 생일날 휴가를 냈다.
내가 만든 음식은 미역국과 조기구이 뿐이다.
나머지는 반찬가게에서 구입하고
케이크는 파리바게트에 주문.
최근 5년
2017년 61회 회갑기념 서유럽여행,
2018년 62회 진갑 때는 미국, 캐나다,
나이야가라 여행,
2019년 큰언니 가족과
인도네시아 발리 여행.
그 이후는 코로나로 발이 묶였다.
회갑이 엊그제 같은데 세월이
날개를 달았나?
나는 생일 때마다 다시 태어난다.
다시 날아간다.

물감 위에 꽃이 필 때까지

연필 스케치 7개월 만에 수채화를 시작했다.
책상용 이젤, 작은 물통을 새로 구입했다.
코로나19로 한참 쉬었다 하니 새롭다.
그래도 다시 할 수 있어 다행이다.
열심히 배워 혼자서도 그림 그릴
날을 기다린다.

삼월 삼일 토요일

오늘 친구 요청으로 10시 미사 장례미사
친구가 제대에서 복사 봉사를 하고 있었다.
십자가를 높이 들고 종을 치고
미사 후 로데오거리 카페에서
전례부 단원들 소개받고 봉사 제안받아
27일 토요일 10시 미사에 다시 만날 약속했다.
전례 봉사하는 방법을 보여 주신단다.
친구 가게에서 꼬마김밥으로 점심하고
티셔츠 2벌과 바바리코트 1벌로 봄 단장
늦은 오후에는 옥이랑 스크린 1번 방에서 9홀씩
5시 45분까지 즐겼다.
타석에서 스크린 하는 것과는 달리
거리가 줄고 공이 뜨지 않아
이번 토요일은 재미 반 지겨움 반

남한산성

암사동 큰언니를 모시고 남한산성에
좋은 공기 마시러 갔다. 해마다 휴가 때
거의 갔지만 올여름엔 장마로 보류하였던 곳.
주차가 쉬운 수라간에서 닭도리탕과 막걸리
한 병을 마셨다. 많은 차들과 사람들이 모였다.
후식으로 수락간 맞은편 2층 카페에서
아메리카노 아이스커피와 망고주스를 마시며 2시간
정도 담소를 나누고 돌아오는 길에 언니 댁에 들러
가벼워 사용이 쉬운 새로운 청소기 모델을 둘러본다.
돌아오는 발길이 밝고 가볍다.

납골당

나는 자식이 없다. 미리 2014년 7월 흑석동
성당에 납골당을 준비했다. 계약서를 같이
작성했던 믿음이 좋은 큰언니댁 조카가
간암수술로 건강이 안 좋아졌다. 기도와
미사에 문제가 생기면 혼배미사로 결혼한
작은오빠댁 조카한테 얘기하라고 작은 올케가
말한다. 납골당에선 유골이 안착 후 10년간
관리해 준다. 10년 후엔 연고자가 산골을
하면 된다. 9월 25일 형제식사 후 귀가하는
길에, 조카들이 많으니 사후문제 너무 걱정
말라고 언니들이 위로하신다. 잠 못 자고
고민하던 일이 새털처럼 가벼운걸.

대림시기

성탄 전 4주간 예수님의 탄생을 기리는 것으로,
주님 성탄 대축일을 준비하면서 다시 오실
구세주를 기다리는 시기이다.
교회달력(전례력)으로는 11월 29일은
대림 제1주일로 새해의 첫날이다.
구역 반에서는 이 시기에 대림초를 1주일씩
반원 각 가정에 돌려 가며 기도하는데
기도의 힘을 나도 느꼈다. 삼전동에서 2~3년은
큰 힘이 되었다. 올 한해는 코로나19로
주일미사를 방송으로 보았다. 나는 영성체를
많이 받지 못했다.
금년 대림시기엔 주님을 위해 빈 몸 빈 마음으로
기도하리.

2부

독감예방주사

10월 28일 독감예방주사를 맞았다.
몸 컨디션이 좀 회복될 때를 기다렸다.
코로나 2~3년은 접종 없이 그냥 지냈다.
마스크를 쓰니 감기도 없다.
만 65세부터는 국비라고 병원에서 권유한다.
26일 저녁엔 통장이 방문하여 혼자
산다고 집 주소와 긴급연락처가 적힌
작은 카드를 갖다 준다. 병원 동행이
필요할 때 연락처도 적혀있다. 냉장고
문짝에 잘 보이게 붙여 놓았다.
살기도 죽기도 편리한 세상,
오래 오래 살아야지.

동생 생일

동생 생일이 삼복더위 때다. 주방에서 아무것도 만들고 싶지 않은데 생일 밥 해 달라고 해 귀찮다.
케이크는 주문했고
미역과 소고기는 내가 준비하고
조기는 동생이 사 온다.
요리할 때는 에어컨 켜고 하면 된다.
8월 초에 동생은 에어컨 켜고 나왔나?

동지팥죽

반찬가게 마마쿡의 팥죽 홍보문자가 왔다.
사진이지만 새알이 든 게 먹음직스럽다.
팥죽을 먹으면 액운도 쫓고 잔병을
없앤다고 한다. 상가 도시곳간에서
단팥죽은 몇 번 사 먹었지만
새알 든 팥죽은 이번 동지에 몇 년 만이다.
팥죽 맛이 순수 팥 맛으로 단맛보다
좀 싱거우나 그런대로 먹을 만하다.
둘이서 한 그릇씩 두 번에 나눠 먹었다.
쫄깃한 새알 맛이 더 좋다.
이제 액운은 끝!
나이야 가라! 코로나야 물러 거라!

두 번째 하는 추석맞이 열펌

두 번째는 첫 번째와는 다른 펌 기구를
사용했다. 고데기 두 개로 섬세하게 머릴
말아 감는다. 두 번째 백신접종 후
8월 31일(화) 오후 2시간 남짓 소요.
꼼꼼히 하는 이상으로 비용이 세다.
동네 지인은 비싸도 펌을 하니 훨씬 낫다고 한다.
지금 하고 설날 하려고 했는데
머리가 풀리면 그전에 할 수도 있다.
내일 토요일에는 염색할 예정.
머리에 힘을 주니 날아갈 것 같다.
내가 원래 선녀여서 그러나?

레시피

요즈음 레시피 찾아 음식 만드는 재미가
쏠쏠하다. 사 먹는 것보다 제대로 먹는 것
같다고 동생도 좋아한다. 한 번씩 직접
요리할 생각이다.
무 대파 양파 등 기본 야채가 냉장고에 있으니
음식 만들기가 좋다.
저녁 산보할 때는 경숙이로부터
조리 하는 법도 듣는다.
어제는 갈치조림을
혼자 했다.
직접 만들어 먹는 날 집밥이
좋은 날!

만남

옆 동 영희 언니 소개로
분당 야탑에 사시는 S 장로님을
경찰병원 근처 M밥상에서
14일 저녁 6시에 만났다.
야무진 몸매,
테니스로 다져진 건강미, 진솔한 분 같다.
보리굴비 정식으로 식사, 휴게실에서 커피
마시며 담소 후 8시쯤 가락시장역까지 동행.
31일 세일cc 라운딩에서 다시 만나기로 한다.
다음 골프에는 진솔한 샷으로 승부를 걸어야지.

만추(晩秋)

헬리오시티 파크밴드에 단풍이 들고,
잠실6동 주민센터 가는 가로수에
은행잎과 늦은 가을이 떨어진다.
나이도 잊은 채 직장생활에 열심인 나.
코로나19로 여행은 못하고
단지와 직장 주변에서만 얼쩡거린다.
시간이 가니 어김없이 계절이 바뀐다.
내일이면 입동,
점점 봄·가을이 짧아지고 겨울이 빨리 온다.
추위가 오고 코로나19가 더 빨리 오면 어쩌지?

매실청

6월 16일 오후 3시 주민자치센터에서
'매실 청 담그기 체험교실'이 열렸다.
이웃공동체 간의 친목을 위해서다.
3천원 회비 내니, 통 1개 매실 1kg에
설탕 1kg씩 나온다.
이쑤시개로 매실에 4군데 찔러
상처 내고 꼭지를 제거해 매실 통에 담는다.
그 위에 설탕을 붓는다. 나중에 설탕이
녹으면 매실을 뒤적여 준다.
3달 후엔
1.5L의 매실청이 된다.
육십 오세 내
인생도 저렇게 잘 익었을까?

미국에서 온 친구 송혜경

7월 20일 이른 아침 뉴욕에 사는 친구
혜경의 카톡이 왔다. 한국에 잠깐
들어왔다고.
미국 가기 전엔 계송회 회원이었다.
단톡방에 알리고 초대도 했다.
미국 거주 11년에
시민권도 나왔다고 한다.
29일 미국 들어가기 전에 계송회는
혜경이랑 27일 저녁을 같이 먹으려 한다.
저녁 먹으며 서울과 뉴욕 사이 추억의
술잔이 돌아가겠지.

미사 전례 중 성가

9월 18일 교중미사엔 신자 석에 성가 책이 꽂혀 있고, 거리두기가 없이 의자 하나에 세 사람씩 앉는다. 코로나19 이후 처음으로 전 신자가 미사 중 성가를 불렀다. 미사에 진심과 정성의 기도가 더 느껴진다.

미용실

지금까지는 4주에 한 번은 염색,
7주에 한 번은
상가 지하 98미용실에서 펌을 했다.
싼 데는 이유가 있음을 오늘에야 깨달았다.
헤어스타일이 다르다.
앞으론 친구의 권유도 있고 세련된 머리를 갖기
위해 비싸지만 컷과 펌은
상가 2층 유명 헤어 디자이너한테 맡기고
염색만 98에서 할 생각이다.
코로나 블루를 털어 내기 위해
멋 내기로 마음먹었다.
품위를 높이면 뇌 건강도 높아지겠지?

바지, 상의 쇼핑

상가 A동에서 상의 구입, B동에서 바지를
샀다. 골프 라운딩에 동반했던 옆 동 언니의
권유로 함께 쇼핑했다.
입주 3년 차에 상가에서
옷을 처음으로 구입. 신상품에 지금 입을
상의와 청바지, 세일 상품 바지 2점.
세일 없으면 바지 어떻게 입지?

반찬 그릇, 전자 초 교체

무심코 사용하던 일회용 반찬 그릇을
전자렌지 사용 가능한 유리그릇으로 교체했다.
주방 수납장에 변화가 왔다.
박스를 풀어 그릇을 씻어 밤새 물기를
빼서 수납장에 정리하니 내 맘도 뽀송뽀송.
또 집에서 기도할 때 쓰는 전자 초를
이제야 인터넷으로 구입했다.
이제야 소원을 빌 수 있겠다.

백신 접종일

6월 11일 금요일 오후 2시 동네병원에서
코로나19 백신 접종을 한다.
과로를 피하고 감기조심, 컨디션 조절 잘 하고
오라고. 코로나 접종 후 주의사항을 미리
듣는다. 접종 12시간 후에 진통이 올 수
있으니 잠자기 전에 타이레놀 1알을 복용한다.
접종 후 20~30분은 병원에 머물면서 이상반응
관찰, 동생은 내 핸드백도 들어주고, 파리바게트에
들러 냉커피와 빵을 산다.
집에 와선 처음으로
재활용 분리 쓰레기를 나 대신 치웠다.
코로나가 왕관이랬지?
최초로 여왕 대접받는 하루다.

봄나들이

4월 9일 낮 12시 석촌역 황도바지락칼국수를
먹고 한솔아파트에 사는 민호네와 통화한다.
부근 부동산을 둘러보고,
석촌호수와 잠실 5단지를 자동차로
한 바퀴 드라이브한다.
붉으락 하얗게 활짝 핀 벚꽃을 스캔한다.
아름다운 봄의 전령들.
헬리오 파크밴드 벚꽃 길을
오후 4시에 여유 있게
봄을 느끼며 산책한다.
오랜만에 주말 봄나들이 제대로 한다.
사진을 찍으니
내가 벚꽃 이파리 속에 꽃잎 하나로 끼어있다.
한 풀잎임을 안다.

부스터 샷

2021년 12월 28일 오후 백신 3차 접종을
받았다. 접종할 때까지 아플까 봐 걱정
했는데 주사 맞은 팔이 좀 뻐근한 것
외에는 생각보다 통증이 없다.
백신 종류도 내 선택이 기준이라 좋다.
방송엔 4차 접종도 있다고 한다.
4차 5차 접종보다
코로나 종식 접종은
언제?

부추 전

상가 지하 가판대에서 시골
부추를 샀다.
두 번에 나누어 부추전을 부쳤는데
4장, 6장 합이 10장이 되었다.
향도 좋고 싱싱하며 가성비도 좋다.
막걸리와 먹으니 딱이다.
몸에도 좋고
맛도 부추기는 부추 전의 비법이
우리 집엔 필요하다.

불광사

불기 2565년 초파일 11시 옥이랑
절밥 먹으러 불광사를 찾았다.
더운 날씨에 긴 줄을 따라 5층에 가니
법요식 행사가 있다.
코로나19로 공양간은 폐쇄되었다.
절에 다니는 옥이는 1층에서 공양미를 바쳤다.
상가 공인중개사 사무실에 들러
커피도 마시고, 미래 살 집 상담도 했다.
돌아오는 길에 옥이는 절밥 대신
봉평 메밀국수를 샀다.
절밥보다 메밀국수가
더 맛있다.

비대면 미사

코로나19로 확진자는 사흘째 1000명을 넘는다.
성당도 7일부터 2주째 비대면 미사다.
성탄절을 지나 28일까지
대성당 문이 폐쇄된다.
백신은 내년 2-3월이면 일부 나오고
11월이면 4,400만 명의 양이 들어온다고 한다.
아직 1년은 마스크를 쓰고 있어야 한다.
낮 12시에 퇴근하면 거의 집에만 있다.
그 외엔 마스크를 착용한다.
집콕 한 지 9개월
많이 익숙해졌지만 답답하다.
보건소에 가서 검사나 받아 볼까 하다
검사장에서 감염될 수 있다는 주위 만류로
집에만 있다.
백신 맞을 때까지 코로나야,
너 좀 밖에 있어라!

빙판길

1월 6일 간밤에 내린 눈이 밤새 꽁꽁 얼었다.
아침 출근길이 장난이 아니다.
한파에 바람까지…
엉금엉금 사무실 도착.
어제 퇴근길부터 버스가 경사길을 오르지
못하고 도로는 주차장이 되었다.
20여년 만의 한파와 빙판길에 주행하는
차량도 줄었고 다니는 사람도 거의 없다.
지구 온난화로 찬 공기가 북극에서 내려와
더 춥다고 한다.
추위보다 빙판길이 더 무섭다.

쁘레시디움 주 회합

매주 쁘레시디움 회합에 참석하여 함께
기도하고, 자신이 수행한 활동을 보고한다.
서기인 나는 전주 회의록을 낭독하고,
금주의 단원들 활동보고를 기록한다.
'축복 속에 동료애를 나누고,
강력한 규율의 힘에 의지하며, 활발한
토론과 정연한 질서로 이어지는 회합에서
자신을 받쳐 주는 영적인 힘을 얻는다.'
(교본 193쪽)
그런데도 나는 석촌동에서 4년,
가락동에서 3년 서기직을 하고 나니
일이 많아서가 아니라 쉬고 싶은데
대타가 없다.
쉬기가 서기 일이라면
그냥 이대로 있을까?

사무실 자리이동

6월 2일 단장님이 업무팀으로 나오셔서,
서류 발급 팀 2명은 업무팀에서 나와
강남, 송파지점으로 자리이동했다.
송파지점에서 업무팀으로 온 지 2~3년 만이다.
송파 부지점장님이 내 컴퓨터를
송파지점으로 들고 와 선을 연결해 주신다.
거리두기로 2인용 책상에
한 사람씩 앉는다. 공간이 넓어져 좋다.
냉장고, 정수기도 가까이 있다. 출입문도
가깝고 시원한 바람에 새 삶이 싱그럽다.

꽃과 책은 나눌수록 좋다

9월 30일부터 10월 3일까지 연휴 동안
시집 배부 활동.
첫날은 메인상가 1, 2층 은행과
부동산중개사 사무실 일부를 나눠드렸다.
모두 좋아하셨다.
2일 주일은
성당 신부님 세 분과 수녀님 한 분께 드리라고
사무장님께 맡겼다.
3일 오전은 농협 뒤 3군데 부동산 사무실과
메인상가 1층 부동산 사무실.
오후엔 지하 1층, B상가 1층에 찾아가 나눠 드렸다.
뚜레쥬르에서 커피 대접을 받았다.
꽃과 책은 나눌수록 좋다고 하였던가!

산성역 포레스티아 아파트

스타 부동산의 소개로
산성역 포레스티아 29평, 26평, 23평형
세 군데를 둘러보았다.
입주 1년 8개월 된 아파트인데
빈집이 더러 있다.
아파트를 둘러보는데 동생이 걷기엔 좀
힘들어 보인다.
겉옷을 벗고 힘껏 동행해 주어
치킨을 샀다.
다시 둘러보아도
지금 살고 있는 집보다 좋은 데는 없다.
큰오빠 말이 생각났다.
대출을 해서라도
지금 사는 헬리오에서 지긋이 살라고
구관이 명관이다.

새 폰 VELVET

구 폰이 속도가 느리고 작동이 멈춘 적이 있어서
a/s 갔다가 새 폰으로 바꿨다.
2년 2개월 사용했다.
통상 2년 정도 쓰고 바꾼다.
요금 할인 혜택이 있는 은행카드 신청하고
구 폰 내용 복사하고 준비하는데 2시간 정도 걸렸다.
새 폰은 가볍고 매끈한 신형 모델이다.
케이스도 손가락을 끼워 고정할 수 있어 편리하다.
특히 구글 말로 하는 서비스가 재미있다.
뭐든지 말로 물으면 폰이 대답하고
두 사람이 대화하는 것 같다.

새해 아침

2021년 신축년 새해 아침엔 Pr. 사업보고서
준비하고 정오쯤 소고기 떡국에 김치만두를
넣어 맛나게 먹는다.
어제저녁 식후엔
이웃 친구랑 아파트 산책길을 1시간 정도
산보한다. 밤엔 늦게까지 송구영신
카톡을 곳곳에 하고 TV도 자정 가까이
보고 잠들다.
코로나19로 집콕만 했던 한해
새해 기도는 백신으로 COVID-19를 퇴치하여
마스크를 벗는 해를 보게 하소서

생일 식사

4월 16일(음 3월 5일)은 나의 생일.
점심에 미역국, 조기 굽고 케이크 촛불 밝혀
동생과 오붓하게 생일 축하 노래하고 식사
한다. 어제저녁에도 3단지 작은오빠와
언니가 제주포크에서 오겹살을 저녁으로 사 주셨다.
나의 생일을 모르셨다지만 생일
전날 사 주시니 더 좋다.
우리 형제는 한 핏줄에
핀 제각기 다른 생일 꽃들.

석촌 호수 산보

6월 15일 화요일 5시 20분 석촌역에서
분당에서 오신 신 장로님을 만나다.
함께 석촌 호수를 걸었다.
서호와 동호 사이 중간 다리가 새로 생겼다.
수증기도 뿜어 나온다.
동호 반환점 벤치에 앉아
쉬엄쉬엄 얘기도 한다.
카페에 들러 맥주 2컵, 사이다 1캔,
불고기 피자를 먹으니 저녁이 되었다.
해 질 무렵 노을과 함께 헤어졌다.

3부

설 연휴

11일 자유시간 가지는 첫날.
세탁하고 아침을 먹으면서
영화 '서울의 지붕 밑(1961)'을 여유롭게 본다.
오후엔 협탁에 제대를 꾸민다.
평소 미루어 오던 일이다.
저녁 식후엔 친구랑
1시간 동네 한 바퀴 돈다.
12일 설날은
방송으로 부모님을 위한 연미사를 드린다.
소고기 떡국으로 아침을 먹는다.
오후엔 친구랑 동네 한 바퀴.
13일 토요일 저녁 7시
성지가지 반납하고 특전미사.
14일부터는
커뮤니티 이용. 4일간의 설 연휴
설은 언제나 나를 설레이게 한다,
감사와 은총으로.

성모 승천 대축일

8월 15일 77주년 광복절 태극기를 게양하고,
대축일 11시 교중미사 참례 위해
대성당을 갔다.
레지오 주회 때 바치는 까떼나
기도문이 성모님의 노래로 성모님을
닮는 표양인 것을, 오늘 새삼 주임
신부님의 강론을 통해 알았다.
성모님의 삶을 닮은 삶이
구원받을 수 있다는 희망으로
정오에 삼종 기도드린다.

코로나19 극복을 위해 참여하고
더욱 선하게 살겠어요.

성사표, 새 달력 배부 봉사

11월 16일 저녁 8시 상가 공소에서 헬리오 5구역 6반 성사표, 새 달력 19세대분을 구역장님으로부터 받았다. 꽤 무겁다.
정리해서 세대별 문고리에 걸어두면 된다.
첫 번째 반장의 임무다.
6반 카톡 방에 미리 내 소개를 했다.
17일 요가 시간을 빼먹고 19세대 가가호호 방문하여 나눠 드렸다.
2023년 가가호호
나눠드리고 나니 왠지 기분이 뿌듯하다.

성전 건립, 환경개선 봉헌금

83년 처음 가락아파트에 이사 왔을 때
가락성당 공소가 엄마손 백화점 4층에 있었다.
초대 신부님 배갑진 베드로 신부님이
7년 재임 중 지금의 성전을 지으셨다.
30년이 지나니 성전이 낡고
마모되어 환경개선공사에 들어갔다.
5~6년 동안 삼전동에 살 때도 석촌동
성당에 리모델링 공사를 했다.
그럴 적마다 기도와 십시일반으로
정성껏 봉헌금을 냈다.
성전은 나의 큰집이니까.

송파 둘레길

가락시장 탄천에서 출발
한강, 성내천을 돌아 한 바퀴 21km 구간
탄천길이 개통되었다.

일요일 저녁 6시 반 둘레길 걷자고 경숙이 카톡을
보내 왔다. 탄천교에서 삼전역 조금 지난
지점에서 돌아왔다. 왕복 1시간 반 거리.
길은 좀 좁아도 자전거, 킥보드가 없어
안전한 새 탄천길이 좋다. 더운 날씨를
피한다고 해도 갈 때는 더웠다. 벤치에서
간식과 물을 마시며 더위를 달랜다.
봄에 공사하고 있었는데 어느새 잘 다듬어진
산책길이 되었다.
발걸음에 날개가 돋는다.

송파역 3, 4번 출구 폐쇄

9월 15일 10시부터 2022년 3월 19일까지
송파역 3, 4번 출구가 이설 공사에 들어간다.
상가 연결 엘리베이터, 출구 이동 공사이다.
지하철을 타려면 횡단보도를 건너 맞은편
1, 2번 출구로 간다. 신호등에 걸리면 뛴다.
1년 6개월 후에 올 편리함을 위해 지금
불편함을 감수하라는 것.
정부시책이란 믿을 수도 안 믿을 수도…

황대헌 선수 금메달

황대헌, 이준서, 박장혁 세 선수가
쇼트트랙 1500m 결승 진출.
10명 중 까다로운 심판을 뚫고 당당히 금메달을
목에 건 황 선수.
마음 졸이며 밤늦게까지 응원.
1000m에서 실격 판정 딛고 '첫 금메달'

장하다 정승은!
1975년 대학 불합격,
1977년 대학 합격.
내 인생에도 앞으로 금메달만 남았다.

수영강습 저녁 반

수영강습 단체야간반 모집이 내일부터 있다.
지난번 1회 받은 2시 반은
퇴근하고 서둘러야 했다.
저녁 반은 시간 여유가 있어 좋다.
어떤 사람은 굳이 배우지 않아도 수영을 한다지만,
그래도 바로 알고 수영을 즐기고 싶어 배우려 한다.
물속에서 호흡 음파가
잘 될까?
긴장이 된다.
오늘 오전 9시에
앱에 들어갔는데 정원 초과로 결제가
되지 않는다.
전화위복?
내 몸에 수영이 안 좋을 수도…

수영장을 가다

연휴 마지막 4단지 고향 친구랑
단지 내 수영장을 나는 처음 갔다.
수경 연결 끈이 떨어져 쓰레기통에 버렸다.
수영장 안에서 1시간 신나게 놀고
먼저 나와 온탕 물 마사지도 하고
1시간쯤 더 놀았다.
귀마개 1개를 분실했는데
관리인이 보관함에서 찾아 꺼내 주었다.
처음엔 끝 레인에서 보조판을 잡고 발차기,
물속에서 걷기를 했다. 친구의 권유로 레인을
바꿔 배형 자유형 평형을 잊어도
흉내를 내고 다녔다.
벼르다 해서 인지 운동은 되는 것 같다.
주말 하루는 수영하고 주중 하루는 하늘을
날아볼까?

수영 하루 강습

4월 3일 수영 강사로부터 2월에 접수
대기 중이던 수영강습이 자리가
생겼다는 연락을 받았다.
기쁘면서도 회사가 바빠서
수업을 놓칠까 걱정도 되었다.
첫 시간 4월 7일, 회사는
동료직원이 확진으로 비어 있었으나
서둘러 업무를 끝내고 수영강습을 잘 받았다.
음파 호흡을 제대로 배웠다.
선생님은 첫날인데 잘 한다고 하시지만
나는 제대로 한다는 게 어렵고 새롭다.
다른 수강생 2명은 2~3달 먼저 해온
사람들이다.
이틀째인 8일 출근길에 아파트 입구
경사 길에서 신발이 미끄러워 넘어졌다.
무릎에 부상이 생겨 수영을 취소했다.
일상을 헤엄쳐 나가는 일도 늘
조심성이 있어야.

스케치와 물맛

금년엔 9개월 휴강하고 11월부터
3주째 수강한다. 그래도 배우니 그림이
조금씩 좋아진다.
전에는 휴강 때 혼자서 하는
스케치 엄두도 못 냈다.
해바라기를 스케치하여 색칠할 때는
물맛도 조금씩 입힌다.
오늘은 연꽃을 혼자 스케치한다.
지우고 고치고 다시 지우고
조금씩 연꽃이 피어난다.
색칠까지 혼자 피어날 날 오기를 기다리며

스크린골프 대회

12월 16일 오전 10시 상가 4층 골프존에서
퀸즈 회원 19명의 단합모임이 있었다.
5월 월례회 이후 처음 보는 얼굴들이다.
나의 방인 1번 방에서 3명이 했는데
조장은 신 밴드장
부드럽게 리더를 잘해 즐거운 시간이었다.
집 엘리베이터 점검 날이라 시작 전에
캐디백을 집에 갖다 놓고 점심 먹고
오후 3시에 커피빈에서 커피타임에 맞추기
위해 점검 중이라 계단을 이용했다.
4분 안에 가볍게 내려왔다.
올해 퀸즈 회비 남은 돈으로
오늘 행사를 했다.
오늘 휴가로 스크린도 하고
커피도 나누며 회원들 얼굴도 조금씩 익히는
해피 타임! 해피 뉴 이어!

시인이 된 나

퇴근 후 정형외과에 물리치료 받고
엘리베이터 앞에 서 있는데
내 시집을 읽으신 원장님과 만났다.
옆에 계신 사모님을 소개하신다.
나를 그 시집을 쓰신 시인이라고 부인께 소개하셨다.
그분도 내 시집을 읽으셨다고 한다.
오빠, 조카, 친구, 이웃 주민들도 내 책을 읽어본
사람들은 나를 시인이라고 부른다.
3년가량 공부하고 시인의 명함을 얻었다.
참 기분이 좋다.
명함이 먼저일까 시가 먼저일까
내가 먼저일까.

신인 문학상 시상식

6월 8일 저녁 6시 반에 시상식이 있다.
손님 두 분을 초대했다.
아끼는 동생과 권영자 선생님이시다.
회원 두 분은 축하 꽃다발을 준비,
다른 한 분은 미리 축하 식사를 나누었다.
나는 시 낭송을 한다.
회원 중 수상자 한 분이
사정으로 불참하여 아쉽다.
코로나19로 등단 1년이 지났음에도
오늘 상을 받으니
밀린 기쁨이 한꺼번에 밀려온다.

아파트 둘러보기

5월 5일 오전엔 공 치고 목욕탕 탕 속에
1달여 만에 들어가 피로를 푼다.
오후엔 헬리오를 보려 했는데 부동산
착오로 28일 가기로 한다.
플라자에 사시는 부동산 지인이
거여동을 본다고 해서 함께 갔다.
그 동네는 처음 갔는데
집에서 멀지 않은 것 같다.
21층 B타입과 26층 A타입을 보았다.
A타입은 B타입에
비해 거실이 조금 작다.
부엌과 분리되고,
맞바람이 통해 나을 것 같다.
복잡한 도시 살림에
부엌에서라도 하늘을 봐야지.

암사동 큰 언니 댁 방문

11월 24일 암사동 큰언니 댁에 초대를 받았다.
휴가라 오전에 골프연습장 갔다.
화구가방을 싣고 오는 동생을 기다렸다.
잠실7동 수채화 담당자 만나 캐비넷에
화구가방을 보관했다.
올림픽대로를 따라
암사동 큰 언니 댁 도착, 조금 후
강남역에서 양식요리를 배우는 영랑언니가 도착했다.
실습한 재료로 만든 해물 스파게티와
만두를 먹고, 상추, 깻잎에 소고기 구이도 싸 먹고,
생선구이, 두부찌개, 김장김치 등으로 점심을 먹었다.
후식으로 커피와, 귤, 사과, 단감이
특히 맛있어 많이 먹었다.
1~2kg이 늘었다.
앞으로는 음식 소식?
잘 지킬 수 없는 약속이여!

큰언니의 팔순

언니의 직계와 형제 사돈이 모인
조촐한 식사에 초대 받았다.
강남 수담 한정식 가는 길
테헤란로 높은 빌딩에 새삼 감탄하다.
동생은 거침없이 예정보다 빨리 목적지에 도착.
대기실에 먼저 와서
손주랑 함께 있는 윤주 조카 가족과 만나
예약실로 간다.
조카들의 사회와 진행으로 꽃다발 증정,
장미로 장식된 케잌 자르기,
큰딸 윤주 조카의 어머니께 드리는 글,
학창시절 어머니가 학교 오시면 친구들이 미인이시라고
해서 자랑스러웠다고 한다.
손자 나우의 피아노 연주에
외손자 기훈의 노래 오붓한 시간이다.
음식도 깔끔하고 맛나다.
행복과 걱정이 2kg 늘었다.

영랑 언니

10월 30일 창원행 대절버스에서 만난 8촌
영랑 언니가 위례 댁으로 초청.
11월 13일 12시쯤 방문했다.
동생이 운전하고 암사동 언니도 만나 함께 갔다.
장어국에 정성껏 차린 점심을 먹고,
내린 커피와 단감, 떡, 에어프라이로 만든 감자구이
5시까지 먹고 놀았다.
돌아오는 길에
스타필드에 들렀다.
양념 소불고기 2.7kg 외 찾던
물품들을 카트에 가득 담았다.
카트를 밀고 언니 두 분과 동생이 함께 가는
발걸음이 가볍다.
언니 계산하지 마!

큰언니 생신

3월 25일은 큰언니 82번째 생신일이다.
처음으로 형제 카톡에 축하 메시지를
올리려 한다.
올해부터는 늦었지만
큰언니, 큰오빠, 큰올케 생신일을
챙기려 한다.
오랜 세월 어머님같이
나를 보살펴 주셨던 큰언니께 감사드린다.
조카들과 맛나는 음식 드시고,
건강하게 오래오래 사시라고
하늘 향해 빈다.

옥이랑 식사

가성비 좋은 상가 b26호에서 펌을 했다.
옥이랑 가서 개척.
토요일 점심은 '황토 골'에서 같이 먹고
내가 계산했다.
3일 후 화요일 저녁은
제육볶음을 옥이가 샀다.
혼자 오는 손님은 받지 않는다고 한다.
둘이 먹으니 더 맛 난다.
다음에는 동네 친구랑
어린 시절이랑 함께 가서 먹을까?

요가

7월부터 9월 주민자치센터에서 요가 시작.
아직 뭐가 좋은지 정확히 알 수는 없다.
그런데 동작을 따라 하니
(잘 안 되는 것도 있지만)
앉는 자세가 교정되고
몸이 부드러워지는 느낌이다.
골프는 20일까지 쉴 예정인데
요가는 4회 모두 출석.
일찍 가서 앞자리에 앉는다.
블록 2장, 폼 롤러도 사용한다.
처음 하는 동작도 초등 때
기계체조를 해서인가?
생각보다 쉽다.
사는 게 쉬우라고 요가 하는가?

위례 영랑 언니 댁

둥글고 커다란 수박을 싣고
송파역에서 암사동 언니를 만나
영랑 언니 댁으로 갔다.

저녁에 추어탕과 주말농장에서 가져온
가지나물, 깻잎 졸임 등, 상추에
불고기. 집밥에 맛있게 식사.
계속 시원한 수박, 디카페 카누커피, 쌀과자.
얘기하며 드라마도 두 편 보고 4시간을
쉬면서 놀았다. 암사동 언니 모셔다 드리고
집으로 왔다.

영랑 언니는 7월 말 아들이 있는 캐나다로
한 달 여행 간다.
떠나기 전에 만났는데
갈 때마다 집과 인생을 잘 정리하고
사시는 모습이 나의 내일을 말없이
점지하시는 듯.

은행 대출

요즘 은행에서 대출을 알아본다.
여태까지 한 번도 은행돈을 사용한 적이 없어
궁금하기도 하고…
조건이 까다롭고
은행도 장사다.
대출이자 3.3%에
예금이자는 1%대.
생활자금을 연 1억을 가져가
알아서 나누어 사용하란다.
그러면 이자만 물어야 하는 셈.
아직 3년은 쓸 자금이 있고
재직 중이라 쓸 돈은 있으니
은행은 은행 열매 열릴 때나 가볼까?

이사준비

천장 에어컨, 빌트인 냉장고, 벽걸이 TV,
장롱, 블라인드, SK매직 인덕션 렌지 등은 옵션이다.
처음이 아니라 탈·부착에 비용 발생.
TV와 블라인드, 장롱 외
가구만 가져가려 한다.
반액이라도 매수자가 보상해 주면 좋겠다.
이동이 번거로워 놔두고 가지만
성능은 모두 양호.
아쉬움이 남아 있다.
떠나야 할 곳.
새로운 정착지를 찾아야 한다.
6월이면
공시가격이 나온다.
6월이면 모란이 피는데…

이젤

동네 잠실화방에 가서
알루미늄 이젤을 구입했다.
차에 싣고 삼전동에 들렀다.
오후엔 식탁 한쪽에 놓고 스케치한다.
잘 되는 느낌.
그림엔 잼뱅이던 내가 이젤을 놓고 그린다.
2b 연필로 터치 스케치… 다 잘된다.
내가 그림을 그리나
이젤이 그림을 그리나

인사이동

12월엔 2년마다 회사 간부들에게도 인사이동이 있다.
엊그제가 그런 날이다. 정규직 직원
거의 전부가 해당된다.
엊그제는 여 단장님이
다른 부임지로 떠나셨고,
어제는 박 파트장님이 가셨다.
오늘은 떠난 자리 모두 새로 부임해 오셨다.
3년 전 다른 부임지로 가셨다가
다시 오신 최 파트장님,
2년 전 가셨다가 오신
심 지점장님.
최 파트장님은 2015년 6월
입사 면접에서 나를 뽑으셨던 분이다.
대전에서 오신 새 단장님은 인사를 나누고
전 직원에게 할리스 커피를 쏘셨다.
돌고 도는 인사에 해피 크리스마스트리가 빛난다.

자동차로 마트 가기

아파트 인접 마트를 다니다 상가 마트도 간다.
이젠 자동차로 자동으로 싼 데를 골라 간다.
좀 떨어진 가락시장 다농까지 찾아간다.
장소에 구애 안 받고 갈 수 있어 참 좋다.
동생이 운전해 주니 시장 보기도 즐겁다.
"자동차 대신 비행기로 가면 더 좋겠다" 했더니
동생이, "차에서 내려!"

재택근무 보름

확진자가 나온 헬스장을 이용하여
필수 검사대상자가 되었다.
회사는 보름간 재택근무를 했다.
처음 며칠은 늦잠자고 좋은 것 같더니
1주일이 되니 답답했다.
재직 7년 차에 재택근무는
처음이라 집에만 있는 게 지루했다.
20일 이른 아침 선별진료소에 가서
다시 검사 받았다.
돌아올 땐 카카오 택시를 이용했다.
검사 결과는 음성이다.
회사에 알리니 월요일부터 출근하란다.
보름을 놀아도 급료는 전달과 똑같다.
8월 휴가철, 광복절
연휴로 19일 확진자가 2천 명을 넘었다.
나는 요즘 커뮤니티를 일체 쉬고 있다.
9월 5일까지 거리두기 4단계가 또 연장
언제 구름에 가서 살 수는 없을까?

4부

제대 봉헌 미사

천주교 가락동 성당이 33년 만에 15개월간
리모델링 공사를 거쳐, 8월 7일 11시
새로 꾸며진 제대 봉헌식을 거행하게 되었다.
많은 내빈과 서울대교구장 정순택 베드로
대주교님의 제대 봉헌 미사가 있었다.
배갑진 초대 신부님의 축사도 있었다.
33년이 지나도 목소리는 변하지 않았다.
가락동 성당 전 교우는
교구장님께 공로패를 사목회장님이
대표로 수상. 시공사 대표, 감리사
대표도 교구장님께 감사패를.
지하 대성당의 새로운 모습이 경이롭다.
레지오 회의실 사물함도
201호실에 정했다.
성모님상은 임시 하상홀에서 201호실로 모셨다.
앞으로는 각 가정에서 하던 주회를
오프라인 성당 2층 교리실 201호실에서 한다.
현재는 영원하다.

조용한 성탄절

24일 점심은 회사에서 단장님이 갈비탕을
사 주셨다. 직원 한명이 공기업으로
이직하게 되었기 때문이다.
식당엔 4명을 맞춰 갔다.
성탄절이라 케이크도 선물 하셨다.
식사하면서 뵈니 단장님은
소탈하시고 편한 분 같다.
2011년부터 2012년에도
강남지점장으로 근무하셨다고 한다.
입사 9개월 차 직원 최 반장은 직무에
관계없는 일로 나를 꼬투리 잡고 비위를 긁는다.
주제 파악이 안 되는 것 같다.
주님 성탄 대축일 밤 8시 미사에는
좋은 사람 나쁜 사람 다 감사하고 용서하고
공평하고 밝은 신축년 새해를 위해 기도해야지.

찬바람

저녁에 환기를 시키려고 창문을 여니
강한 바람이 매서운 소리와 함께
바로 쾅 문을 닫았다.
한파와 함께 온 거센 바람.
오늘 아침엔 모피에 모자 장갑
목도리를 챙겨 출근 든든하다
찬바람 어디 한 곳 들어올 데 없다

창원 결혼식장 가는 날

큰 오빠 댁에서 어른 아홉 분 조카 다섯 명이
30일 아침 7시 창원 현석조카 예식장으로 붕붕 출발.
전용차선으로 4시간 20분 소요.
아침은 김밥·떡·밀감·물. 조카들을 위한
캔 맥주와 오징어 땅콩. 씩씩하게 입장하는
잘 생긴 조카와 아름다운 드레스를 입은
예쁜 신부 어울리는 한 쌍.
사진 촬영이 끝나고 상견례 폐백 절을 받고
절값 봉투도 놓았다.
7층에서 뷔페로 점심,
서울 와서는 냉면과 갈비탕으로 저녁.
3단지 작은 오빠 렉서스로 귀가.
먼 거리를 하루에 왕복하고도 피곤한 줄 모른다.
돌아오는 길,
들국화가 유난히 곱다.

처서

비가 내리더니 더위도 한풀 꺾여 선선한
바람이 분다.
가을인가?
긴 팔 셔츠도 덥지 않다.
20일부터 24일 경숙이네 가족
제주도 여행 잘 다녀왔다고.
가을장마는 변덕이 많다.
금방 비가 쏟아지다가도
햇빛이 나고 종잡을 수가 없다.
남부지방엔 비 피해가 크다.
이대로 바람과 함께 코로나19도
날아가시지,
작별이 서운하다고 인사준비나 할까?

초복 수박

올 여름 벼르다 11일 초복 다음날 동생이
가락동 농수산물시장에서 수박 10kg짜리를
사 가지고 왔다.
잘라서 통에 담아
김치냉장고에 넣어 두고 매일 1쪽씩
꺼내 나눠 먹는다. 달고 시원하고
사각사각 하는 맛.
어제 반 정도
5kg쯤 먹었다.
껍질 부분은 무침으로
양념해서 먹으면 음식 쓰레기도 줄인다.
가성비가 있다.
여름 맛의 절반은 수박 맛!

추석을 앞두고

21일 18시부터 다음날 07시까지 간헐난방이
시작되지만 나는 아직 난방을 작동하지 않는다.
외출을 하지 않기에 카톡, 블로그로 본 사진에는
코스모스 한들한들 들판엔 가을이 익어 간다.
천고마비, 수확의 계절, 코로나19로 가족이
모이지 못하지만 추석은 다가온다.
오늘은 이웃 친구가 연시 6개를 가져 왔다.
빨갛게 익은 게 달고 맛있다.
회사에선 독감 백신을 맞았다.
앞당겨 맞으니 안심이다.
행운목 잎이 식탁 위에 파랗다.

추석 연휴

추석 오전 10시 성당에서 부모님을
위한 합동 위령미사를 드렸다.
많은 교우들이 미사에 참여하였다.
햅쌀 밥에 송편과 전을 먹고, 사과, 포도,
곶감을 먹었다.
11일 주일은 교중미사를 드리고 오후
3시엔 레지오 같은 단원 자매님과
'헤어질 결심' 영화를 보았다.
남이라도 시간을 맞춰 영화를 보니
새로운 재미가 쏠쏠하다.
만나는 것은 헤어지는 길.
주말마다 기도드리려 성당에 간다.

추석 음식 만들기

대파김치, 고사리 볶음은 미리 경숙이가 하고,
미역국, 목살 구이, 배추겉절이,
부추겉절이는 레시피를 보고 내가 만들었다.
자력으로 요리 하나 할 때마다 대견함을 느낀다.
언니는 누구나 하는 거라고 하신다.
회사 단장님이 주신 샤인머스켓(청포도) 1상자,
현석조카가 보내온 띠 두른 사과, 배 한 상자,
동생 회사에서 온 곶감 3통, 햅쌀 12kg,
내가 산 송편 1.4kg 추석 연휴 내내 먹거리가
풍성해서 좋다.
경숙이는 송편 500g을 사 주었더니 밤을 주었다.
코로나19야 저리 가라.
형제들 모두 만나진 못해도
보름달 부러울 게 없다.

치과치료

5월 17일 정기적으로 치과치료 하는 예약일.
충치 4개가 생겨 금으로 덮었던 걸
걷어내고 도자기 성분으로 다시 치료
후 씌운다. 임시 치아로 1주일을 지낸다.
오후 2시부터 6시까지 긴 치료를 했다.
치료비는 청구하는 데서 10만원 더 깎았다.
그래도 목돈이다.
웰치과 다닌 지 10년이 넘었다.
원장과는 친구처럼 지내는데 오늘은
도자기 그릇에 무가당 사탕을 담아 건넨다.

친구 아들 결혼식장

10월 22일 대학 총동문회 단풍 구경을
뒤로 하고 고향 친구 아들 결혼식장에 갔다.
3단지 올케가 동창이라 같이
만나 갔다. 먼 거리 심심하지 않다.
친구들 9명이 더 모였다.
시집을 나눠주니 좋아했다.
새신랑은 33살,
어릴 때 보고 처음 보니 늠름하다.
양가 어머니 촛불 점화, 신랑 신부
입장까지 보고는 식당으로 갔다.
음식은 깔끔, 많이 먹었나?
2차는 부근 카페에서 딸기 슬러지를 먹었는데
속이 더부룩 불편하다.
친구가 택시를 잡았다.
집까지 21km, 처음으로 먼
거리를 택시로 이동.
다행히 약 먹고 쉬니 몸이 조금씩 편해졌다.
친구들 몸 괜찮냐는 안부전화가 온다.
내 시집을 좋아해서 참 좋다.
산다는 것은 시니까.

커뮤니티 다시 문 열다

1월 26일부터 커뮤니티가 재개되어 헬스,
골프, 목욕탕을 다시 이용한다. 퇴근 후
오후 3시부터 6시까지 운동한다.
스크린은 1시간에 18홀 한다.
채를 골고루 다룰 수 있어 주로
스크린을 한다. 헬스는 어깨 근육
풀어 주는 스트레칭, 마사지 등
레슨도 받는다. 목욕탕은 일주일에
2회, 클럽하우스(아메리카노)는
주 1회씩 사용한다.
어깨에 날개가 돋아 하늘을 날 것 같다.
골프는 식은 죽 먹기!

커뮤니티 휴장

커뮤니티 시설을 이용하지 않은 지가
한 달이 넘었다.
사람 많이 모이는 곳이 확진자가
자주 나와 이용을 중단했다.
비가 오지 않으면
지상으로 동네 한 바퀴씩 걷는다.
옥이가 골프연습장 빈자리 가보자 해도
거절한다.
운동하는 사람이 많이 줄었다고 한다.
10월엔 운동을 조금씩 할 수 있을까?
빨간 단풍이 나를 반길까?

코로나19 검사

8월 3일, 6일 레드짐 헬스장 이용자 중
확진자가 나왔다. 같은 날 이용으로
나도 8월 9일 검사를 받았다.
보건소에 모인 대기자가
100여 명 되어 1시간쯤 기다렸다.
문진표 작성 후 접수하고 검사받았다.
대중교통은 이용 불가
보건소에서 집까지 걸어서 왔다.
회사에서도 결과를 알려 달라고 전화가 왔다.
저녁 6시 30분에 보건소에서
코로나19 유전자 검출검사(PCR) 결과
음성으로 나왔다.
아무런 증상도 발열도
모두 정상이라 큰 걱정은 안 했지만
검사대상자가 되니 모든 게 조심스럽다.
8월 10일 골프 8월 정기권 취소,
23일 라운딩도 취소했다.
6일 이후 보름간 재택근무하고 있다.
마트 정도 외의 외출은 금한다.
충격, 충격… 무섭다.

퀸즈 2회 스크린 골프대회

1월 13일 10시 상가 '골프존'에서
퀸즈 2회 스크린 골프대회가 있었다.
나는 참가만 해도 재미있다.
우승이나 점수는 아직 생각도 못 한다.
기계 다루는 것도 서툴러 옆 회원한테 배운다.
골프보다 간식이 맛있다.
간식을 먹으며
얼굴도 익힌다.
조장이 가져온 오븐에서
47분간 익힌 고구마가 달고 맛있다.
조금씩 주변에 익은 얼굴도 보인다.
다음 가을쯤은 좀 더 익은 골프가 나올까?

큰언니 외손주 결혼

8월 21일 11시 봉은사 옆 더라빌
1층에서 큰언니 외손주 종휘의
결혼식을 올렸다.
주례 없이 사돈의 성혼문 낭독과
신랑 신부의 결혼서약서 낭독,
신랑 사촌 나우의 축하 피아노 연주,
식장을 꽉 채운 내빈들의
축하를 듬뿍 받았다.
서울에 사는 우리 형제가 모두 만났다.
식사는 갈비탕에 각종 요리가 맛깔스러웠다.
나는 특히 육회를 많이 먹었다.
많이 먹었으니 하는 말인데,
혼주인 조카 윤주는 약한 몸에
딸 아들 모두 결혼시켰으니
장하다고 말해주고 싶다.
잘 먹고 잘사는 것이 인생이니까.

큰언니댁 방문

자가용으로 집에서 30분 거리인 암사동
롯데캐슬퍼스트 아파트 큰언니댁에
추석 연휴라 방문. 선물용 카놀라유를 드리고
언니와 공동 구매한 고춧가루 500g을 받다.
점심으로 갈비찜, 보리굴비, 육개장, 전, 나물, 김치로
잡곡밥 한 공기와 먹고 카누 커피를 마셨다.
우린 1시간 정도 고스톱을 재미있게 쳤다.
동생이 6천원을 따고 난 1,200원을 땄는데 동생은
딴 돈 모두를 언니께 돌려 드렸고 난 동전만 드렸다.
TV에선 트럼프 미국 대통령 내외의 코로나19 확진!
옛날 얘기 나누고 집으로 돌아오는 길은
발걸음 가볍다.

탄천 뚝방길

헬리오시티에서 일원동 방향 다리 건너면
뚝방길이 나온다. 길 양쪽엔 벚꽃나무가
줄을 잇고 서있다. 꽃들은 떨어졌지만
산책길로 좋다. 오늘 두 번째로 온다.
찻길과 떨어진 조용한 '명품 하천 길 코스'.
일원탄천 보도육교 부근에서
제방천 벚꽃 길로 돌아온다.
지역난방공사도 지난다.
사진 찍으며 걸어도
보통걸음으로 1시간 30분 거리.
토요일인데도 1만 보를 넘게 걷는다.
뚝방길은 가까이 내게 자연으로 인도한다.
자연의 건강도 빌려준다.

탑건 매버릭

8월 2일 휴가 기간 오랜만에 동생과
밤 영화 보러 잠실 롯데시네마에 갔다.
8층 16관 8시 20분 상영.
상영 20분 전 7층에서 팝콘 2개를 주문.
비행기 스피드, 최고의 파일럿,
전설적인 인물 매버릭, 톰 크루즈
능숙한 전투기 조종, 30년 준비한 액션,
톰 크루즈는 한국에도 10번 왔다 갔다고,
오랜만에 130분 동안 웅장한 비행소리에
팝콘 2통이 날아갔다.

태풍

9호 태풍 마이삭이 지나니 가을바람이 분다.
수확의 계절에 과수 농작물 피해가 크다.
월요일엔 10호 태풍 하이선이 동해를 지나
북상하면서 많은 비와 바람을 가져온다고 한다.
코로나19로 경제가 어려운데 곳곳에 태풍 피해까지
설상가상이다.
부산에서는 유리창에 테이프를 붙이다
유리 파편에 과다출혈로 60대 여자가 죽었다.
장마 후에 오는 태풍 피해 가려면
우산보다 36계가 낫겠지?

폭우

6월의 마지막 날 장맛비가
29일 밤부터 많이 내렸다.
중랑천 수위상승으로
동부간선도로 전 구간이 교통통제,
탄천도 홍수주의보 발령이 났다.

오늘은 장화를 신고 출근했다.
옹진군 섬에 사는 친구도 장마로
동창모임에 참석이 어렵겠다는 전갈.
남양주 모 신축아파트에도 폭우로
베란다에 물이 역류. 곳곳에 비 피해.

비도 지나치면 그 피해가 크죠, 하느님
과유불급 아세요?

헬리오에 거주하는 고향 친구

3월 1일 오후 3시 반 헬리오에 사는
고향 친구 2명을 클럽하우스에서 만났다.
사실은 내가 불렀다. 입주 후 3년 만이다.
그들은 거기가 처음이라고. 실내는 손님으로
꽉 차 있어 바깥 긴 통로 쪽으로 놓인 의자에 앉아
자작나무를 바라보며 차를 마셨다.
이런저런 건강 얘기, 선거 얘기… 한 친구는
백혈병으로 고생하는 동창생과 긴 통화를 한다.
건강하게 사는 건 축복!
무지개가 따로 없다!

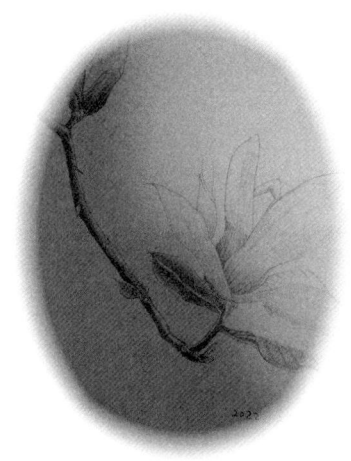

헬리오 퀸즈 새해 첫 월례회

3월 22일 춘천 오너스cc 8시 31분 티오프.
집에서는 6시에 차량 봉사자 만나 2명을
더 태워 3조 1팀이 동행하다.
언듈레이션과 벙커가 정확한 샷을 요구하나
바람도 세게 불어 춥고 공이 맘대로 가지 않았다.
드라이버는 훅이 많이 나왔다.
그린 주변 벙커에 몇 차례 빠졌는데 어렵게 탈출할 때
기쁨이란!
스코어는 코스가 어려워 좋지 않지만
연습은 많이 되었다.
조식은 황태국 중식은
샤워 후 합석 하느라 조금 늦게
쭈꾸미 요리에 삼겹살만 남은 볶음도 맛있게 먹었다.
아파트 주민들과 공치는 하루
마스크 벗은 맑은 파란 하늘을 잠깐 빌려 섰지.

현관 깔개

눈이 많이 내린 이후 현관에 과일 빈 박스와
부직포 걸레 2개를 펼쳐 깔아 놓는다.
들어 올 때 박스에 신발을 털고 부직포 위에
벗으면 주변이 깨끗하다.
친구의 생각을 빌린 것이지만 해 보니 편리하다.
올 겨울엔 눈이 많이 온다.
눈이 오면 강아지도 좋아하지만
외출 후 신발에 묻은 눈이 실내에서 녹는데
깔개 역할이 눈보다 눈부시다.

형제 탁구

2월 17일 오후 5시 탁구장에서
형제 탁구가 있었다.
동생이 작은 오빠보다도 게임을 잘 했다.
나도 중·고교 때 했던 감으로 라켓을 잡았다.
우리 형제 운동 신경은 살아 있다.
동생은 이겨 연달아 하니 땀이 난다고 한다.
1시간이 금방 지나간다.
운동 후 동태찜과 청하로 형제 친목을 다졌다.
저녁별도 쌍쌍이 반짝반짝!

회사 상품권

12월 9일 회사에서 20만원 상품권이 나왔다.
G마켓에서 샤넬향수, 루즈,
서리태, 찰보리를 샀다.
파트장님 카드로 주문해 주셨다.
뜻밖의 연말선물로 해외여행 때나
면세품으로 샀던 물품을 구입,
사고 보니 백화점 매장이 2만원 더 싸다.
상품권 받고 백화점에서 싸게 사고
요즘 이만하면 세상 살만하다.

흰색 운동화

오래전부터 흰색 운동화가 신고 싶었다.
그러나 매장에 가면 쉽게 결정을 못한다.
잘 더러워지고 누렇게 변색 되는 게 싫어서다.
흰색 운동화를 보면 가을운동회가 생각난다.
나이도 어린애가 된 것 같다.
운동화도 세탁소에 맡기면 되지.
앞으론 자주 신어야겠다.
생각만 해도 발걸음이
하늘을 난다.
구름이 발에 밟힌다.

동네 송년회

11월 30일은 휴무였다.
오전엔 공 치고 저녁 7시엔
그림 반 송년회가 있었다.
치킨 집에서 맥주 1000cc를 마셨다.
얼얼했다. 치킨 반 마리 포장해서
집에 있는 동생에게 건넸다.
29일엔 5구역장 외 반장 9명이
서로 인사 겸 친목으로
어부네코다리에서 식사를 했었다.
'동네 송년회' 집 가까이에서 있었다.
이러다 집까지 떠나보내는 것은 아닐까.

정승은 두 번째 시집

수선화 일기

초판 1쇄 발행일 2022년 12월 31일

지은이 정승은
펴낸이 곽혜란
편집장 김명희
디자인 김지희

도서출판 문학바탕

주소 (06151) 서울시 강남구 테헤란로 323 휘닉스빌딩 1008호
전화 02)545-6792
팩스 02)420-6795
출판등록 2004년 6월 1일 제 2-3991호
ISBN 979-11-86418-90-1 (03810)
정가 10,000원

* 이 책의 저작권은 저자에게 있으며 이 책의 전부 또는 일부를 이용하시려면 저작권자의 서면동의를 받아야 합니다.
* 이 책은 국립중앙도서관, 국회도서관 홈페이지에서 검색 가능합니다.
* 문학바탕, 필미디어는 (주)미디어바탕의 출판브랜드입니다.